Mi libro ilustrado bilingüe
私のバイリンガル絵本

Los cuentos infantiles más bonitos de Sefa en un volumen

Ulrich Renz • Barbara Brinkmann:

Que duermas bien, pequeño lobo · おおかみくんも ぐっすり おやすみなさい

Edad recomendada: a partir de 2 años

Cornelia Haas • Ulrich Renz:

Mi sueño más bonito · わたしの とびっきり すてきな ゆめ

Edad recomendada: a partir de 2 años

Ulrich Renz • Marc Robitzky:

Los cisnes salvajes · のの はくちょう

Basado en un cuento de hadas de Hans Christian Andersen

Edad recomendada: a partir de 5 años

© 2024 by Sefa Verlag Kirsten Bödeker, Lübeck, Germany. www.sefa-verlag.de

Special thanks to Paul Bödeker, Freiburg, Germany

All rights reserved.

ISBN: 9783756305261

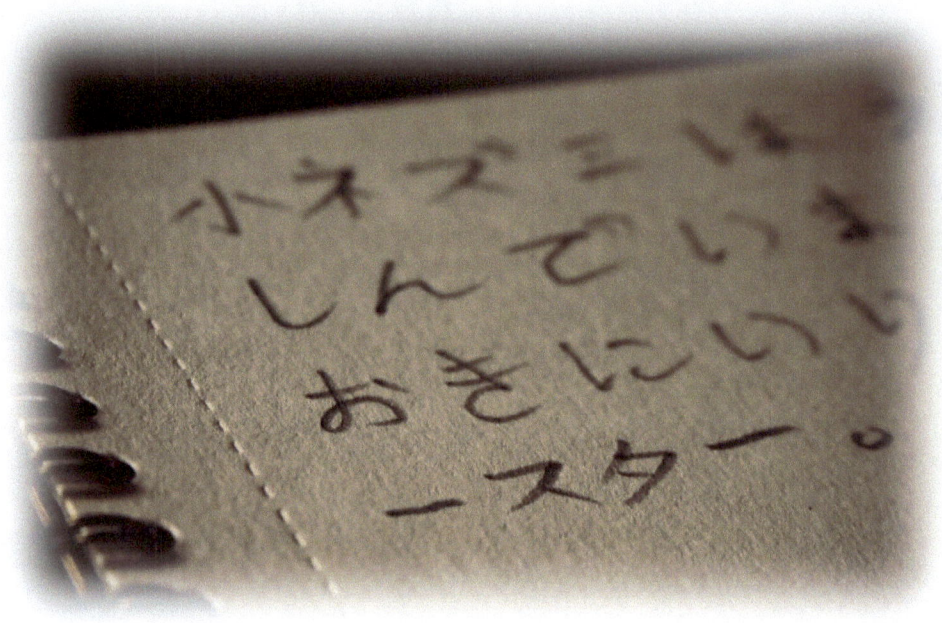

Aviso para los estudiantes de japonés

En el texto japonés del libro utilizamos un conjunto de kanjis simples, además de hiragana y katakana. Para los principiantes, estos kanjis se transcriben con caracteres Hiragana.

Ejemplo: 見(み)

En el apéndice encontrará el texto completo del libro utilizando el juego completo de caracteres Kanji, así como una transcripción en latín (Romaji) y una tabla de Hiragana y Katakana.

¡Diviértase con este maravilloso lenguaje!

Edición Sefa

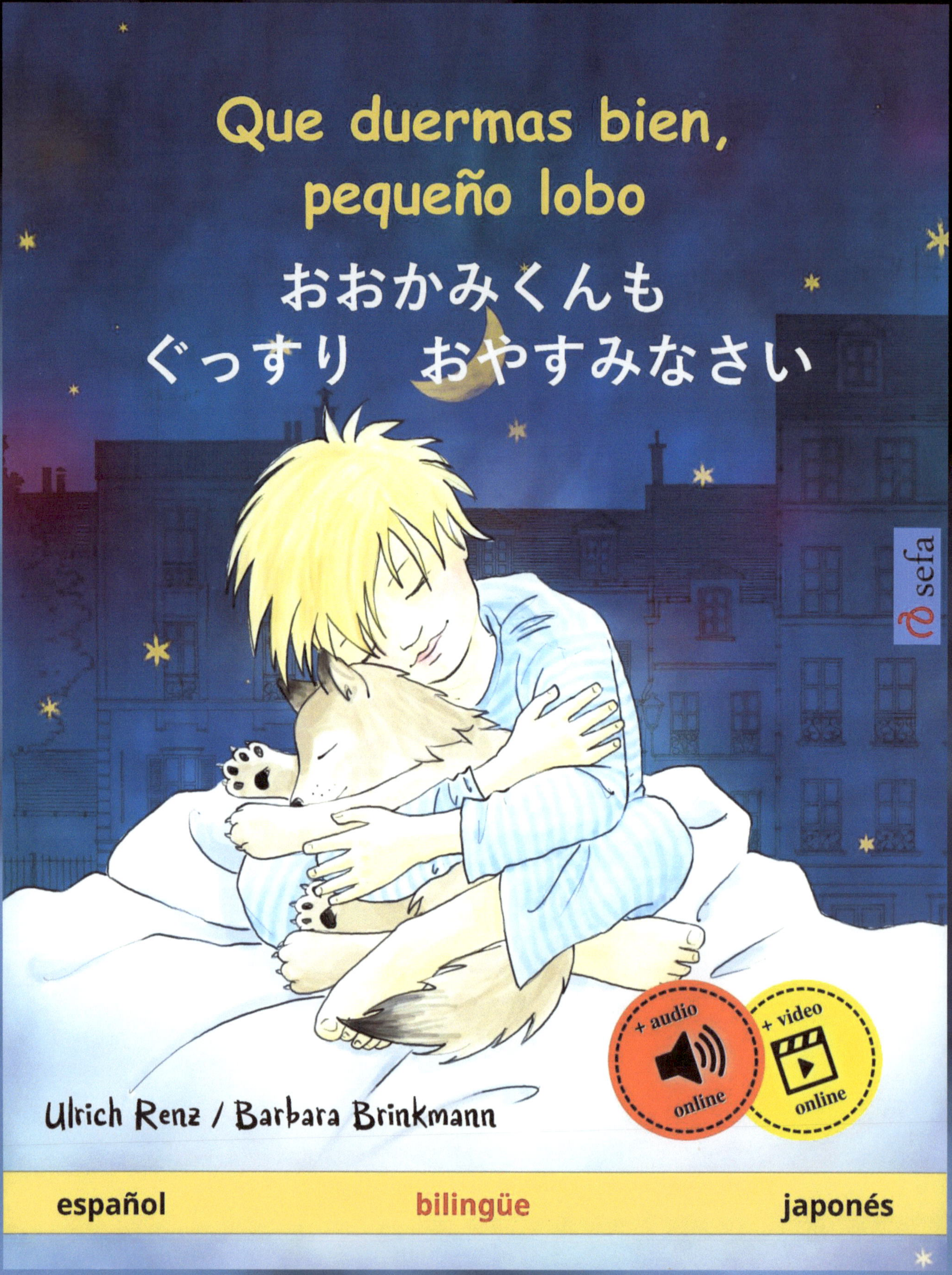
Que duermas bien, pequeño lobo
おおかみくんも
ぐっすり　おやすみなさい
sefa
+ audio online
+ video online
Ulrich Renz / Barbara Brinkmann
español
bilingüe
japonés

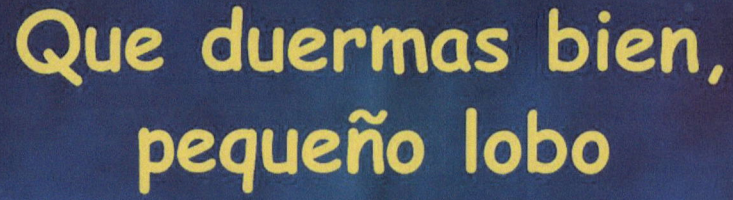

Traducción:

Anneli Landmesser (español)

Mari Freise-Sato (japonés)

Audiolibro y vídeo:

www.sefa-bilingual.com/bonus

Acceso gratuito con la contraseña:

español: **LWES1428**

japonés: **LWJA1910**

¡Buenas noches Tim! Seguiremos buscando mañana.
Ahora ¡que duermas bien!

ティム、きょうは もうねようね。

またあした、いっしょに さがそうね。　おやすみなさい。

Afuera ya ha oscurecido.

そとは もう くらく なりました。

¿Qué está haciendo Tim ahí?

でも ティムは なにを しているのでしょう？

Se está yendo al parque infantil.
¿Qué está buscando ahí?

ティムは、こうえんに でかけていきます。
なにを さがしに いくのでしょう？

¡El pequeño lobo!
No puede dormir sin él.

さがしていたのは、おおかみくんでした。
ティムは　おおかみくんが　いないと　ねむれません。

¿Quién viene ahí?

あれ、こんどは　だれが　でてきたのでしょう？

¡Marie! Está buscando su pelota.

でてきたのは　マリーです。

マリーも　ボールを　さがしにきたのです。

¿Y qué está buscando Tobi?

こんどは　トビーが　でてきました。
なにを　さがしているのでしょう？

Su excavadora.

さがしていたのは、ショベルカーです。

¿Y qué está buscando Nala?

ナーラも　なにかを　さがしに　やってきました。

なにを　さがしているのでしょう？

Su muñeca.

それは おにんぎょうでした。

¿No tienen que ir a dormir los niños?
El gato se sorprende mucho.

「みんな　おうちに　かえって、ねなくても　いいのかな。」
ねこさんは　とても　しんぱいに　なりました。

¿Quién viene ahora?

そして　また　やってきたのは。。。

¡La mamá y el papá de Tim!
Ellos no pueden dormir sin su Tim.

ティムの ママと パパです。

ママと パパも ティムが いないと ねむれません。

¡Y ahí vienen aún más! El papá de Marie.
El abuelo de Tobi. Y la mamá de Nala.

そして もっと たくさんの ひとが やってきました。
マリーの パパと、トビーの おじいさんと、ナーラの ママです。

¡Ahora rápido a la cama!

さあ、はやく　かえって　いそいで　ねよう！

¡Buenas noches Tim!
Mañana ya no tendremos que buscar más.

おやすみ、ティム。
あしたは　もう　さがさなくても　いいんだよ。

¡Que duermas bien, pequeño lobo!

おおかみくんも　ぐっすり　おやすみなさい。

Here you find *Sleep Tight, Little Wolf* in a Kanji-enriched and a Romaji version.
The Romaji transcription uses a version of the Hepburn System.

おおかみくんのお話を、たくさん漢字を使ったテキストとローマ字の
テキストにしました。ローマ字は、ヘボン式で書きました。

おおかみくんも　ぐっすり　おやすみなさい
狼　　　　くんも　ぐっすり　お休み　なさい
Ôkami　　　kun　mo　gussuri　　oyasumi　nasai

ティム、きょうは もうねようね。またあした、いっしょに さがそうね。
ティム、今日　は もう寝ようね。また明日、　一緒　　に 探そう　ね。
Timu、　　kyô　　wa mô neyô　ne。Mata ashita、issho　　ni sagasô　ne。

おやすみ なさい。
お休み　なさい。
Oyasumi　nasai 。

そとは　もう くらく なりました。
外　は　もう 暗く　なりました。
Soto wa　　mô　kuraku narimashita。

でも ティムは　なにを しているのでしょう？
でも ティムは　何　を しているのでしょう？
Demo timu　wa　　nani o shite iru　nodeshô？

ティムは、こうえんに　でかけていきます。
ティムは、公園　に　出掛けていきます。
Timu wa、kôen　ni　dekakete ikimasu。

なにをさがしに　いくのでしょう？
何を　探し　に　行くのでしょう？
Nani o sagashi ni　iku nodeshô？

さがしていたのは、おおかみくんでした。
探して　いたのは、狼　くんでした。
Sagashite ita no wa、ôkami　kun deshita。

ティムは　おおかみくんが　いないと　ねむれません。
ティムは　狼　くんが　いないと　眠れません。
Timu wa　ôkami　kun ga　inai　to　nemuremasen。

あれ、こんどは　だれが　でてきたのでしょう？
あれ、今度　は　誰　が　出て来たのでしょう？
Are、　kondo wa　dare ga　dete kita nodeshô？

でてきた のは　マリーです。
出て来た のは　マリーです。
Dete kita　no wa　marî　desu。

マリーも　ボールを　さがしにきたのです。
マリーも　ボールを　探し　に来たのです。
Marî mo　bôru o　sagashi ni kita　nodesu。

こんどは　トビーが　でてきました。
今度　は　トビーが　出て来ました。
Kondo wa　tobî　ga　dete kimashita。

なにを　さがして　いるのでしょう？
何　を　探して　いるのでしょう？
Nani o　sagashite iru　nodeshô？

さがしていたのは、ショベルカーです。
探して いたのは、ショベルカーです。
Sagashite ita no wa、shoberukâ desu。

ナーラも なにかを さがしに やってきました。
ナーラも 何 かを 探し に 遣ってきました。
Nâra mo nani ka o sagashi ni yatte kimashita。

なにを さがして いるのでしょう？
何 を 探して いるのでしょう？
Nani o sagashite iru nodeshô？

それは おにんぎょうでした。
それは お人形 でした。
Sore wa o ningyô deshita。

「みんな おうちに かえって、ねなくても いいのかな。」
「みんな お家 に 帰って、 寝なくても 良いのかな。」
「Minna o uchi ni kaette、 nenakute mo ii no kana。」

ねこさんは とても しんぱいに なりました。
猫 さんは とても 心配 に なりました。
Neko san wa totemo shinpai ni narimashita。

そして また やってきたのは...
そして 又 遣ってきたのは...
Soshite mata yatte kita no wa...

ティムの ママ とパパです。
ティムの ママ とパパです。
Timu no mama to papa desu。

ママと パパも ティムが いないと ねむれません。
ママと パパも ティムが 居ないと 眠れません。
Mama to papa mo timu ga inai to nemuremasen。

そして もっと たくさんの ひとが やってきました。
そして もっと 沢山 の 人 が 遣ってきました。
Soshite motto takusan no hito ga yatte kimashita。

マリーの パパと、トビーの おじいさんと、ナーラの ママ です。
マリーの パパと、トビーの お爺 さんと、ナーラの ママ です。
Marî no papa to、tobî no ojii san to、nâra no mama desu。

さあ、はやく かえって いそいで ねよう！
さあ、早く 帰って 急いで 寝よう！
Sâ、 hayaku kaette isoide neyô！

おやすみ、ティム。
お休み、ティム。
Oyasumi、timu。

あしたは もう さがさなくても いいんだよ。
明日 は もう 探さなくて も 良いんだよ。
Ashita wa mô sagasanakute mo iinda yo。

おおかみくんも ぐっすり おやすみなさい。
狼 くんも ぐっすり お休み なさい。
Ôkami kun mo gussuri oyasumi nasai。

Lulu no puede dormir. Todos los demás ya están soñando – el tiburón, el elefante, el ratoncito, el dragón, el canguro, el caballero, el mono, el piloto. Y el pequeño leoncito. Al osito también se le cierran casi los ojos ...

Oye osito, ¿me llevas contigo a tu sueño?

ルルは　ねむれません。
ほかの　ぬいぐるみたちは　もう
夢(ゆめ)を　見(み)ています——
サメや　ぞう、小(こ)ネズミ、
ドラゴン、カンガルー、
騎士(きし)、さる、パイロット。
それに、赤(あか)ちゃんライオン。
くまの　目(め)も　もう
とじかかっています。

くまさん、夢(ゆめ)の　中(なか)へ
つれてってくれるの？

Y así está Lulu en el país de los sueños de los osos. El osito está pescando en el lago de Tagayumi. Y Lulu se pregunta, ¿quién vivirá arriba en los árboles?

Al terminar el sueño, Lulu quiere descubrir aún más cosas. ¡Ven conmigo, vamos a visitar al tiburón! ¿Qué estará soñando?

すると もう ルルは、くまの 夢(ゆめ)の 国(くに)の 中(なか)。
くまは タガユミ湖(こ)で 魚(さかな)を つっています。ルルは びっくり、
あの 木(き)の 上(うえ)に だれが すんでいるのだろう？夢(ゆめ)が おわる
と、ルルは もっと 見(み)たくなりました。
いっしょに おいでよ、サメのところへ いこう！どんな 夢(ゆめ)を
見(み)ているのかなあ？

El tiburón está jugando a perseguir a los peces. ¡Por fin tiene amigos! Nadie tiene miedo de sus dientes puntiagudos.

Al terminar el sueño, Lulu quiere descubrir aún más cosas. ¡Venid con nosotros, vamos a visitar al elefante! ¿Qué estará soñando?

サメは 魚(さかな)たちと 鬼(おに)ごっこをしています。やっと 友(とも)だちが
できたのです！だれも サメの とがった 歯(は)を こわがりません。
夢(ゆめ)が おわると、ルルは もっと 見(み)たくなりました。
いっしょに おいでよ、ぞうのところへ いこう！どんな 夢(ゆめ)を
見(み)ているのかなあ？

El elefante es tan ligero como una pluma y ¡puede volar! Está a punto de aterrizar en la pradera celestial.

Al terminar el sueño, Lulu quiere descubrir aún más cosas. ¡Venid con nosotros, vamos a visitar al ratoncito! ¿Qué estará soñando?

ぞうは　羽毛(うもう)のように　かるくなって、飛(と)ぶことができます！
ちょうど　空(そら)の　草(そう)げんに　おり立(た)つところです。
夢(ゆめ)が　おわると、ルルは　もっと　見(み)たくなりました。
いっしょに　おいでよ、小(こ)ネズミのところへ　いこう！どんな　夢(ゆめ)を
見(み)ているのかなあ？

El ratoncito está mirando la feria. Lo que más le gusta es la montaña rusa. Al terminar el sueño, Lulu quiere descubrir aún más cosas. ¡Venid con nosotros, vamos a visitar al dragón! ¿Qué estará soñando?

小(こ)ネズミは　えん日(にち)を　たのしんでいます。
一(いち)ばんの　おきにいりは　ジェットコースター。
夢(ゆめ)が　おわると、ルルは　もっと　見(み)たくなりました。
いっしょに　おいでよ、ドラゴンのところへ　いこう！どんな　夢(ゆめ)を
見(み)ているのかなあ？

El dragón tiene sed de tanto escupir fuego. Le gustaría beberse todo el lago de limonada.

Al terminar el sueño, Lulu quiere descubrir aún más cosas. ¡Venid con nosotros, vamos a visitar al canguro! ¿Qué estará soñando?

ドラゴンは　火(ひ)を　たくさん　ふいたので、　のどが　かわいています。
レモネードの　湖(みずうみ)を　ぜんぶ　のみほせたら　さいこうだな。
夢(ゆめ)が　おわると、ルルは　もっと　見(み)たくなりました。
いっしょに　おいでよ、カンガルーのところへ　いこう！どんな　夢(ゆめ)を　見(み)ているのかなあ？

El canguro salta por la fábrica de dulces y llena toda su bolsa. ¡Más de los caramelos azules! ¡Y más piruletas! ¡Y chocolate!

Al terminar el sueño, Lulu quiere descubrir aún más cosas. ¡Venid con nosotros, vamos a visitar al caballero! ¿Qué estará soñando?

カンガルーは あまい おかしの こうじょうを ぴょんぴょん とびまわって、ふくろいっぱいに つめこんでいます。あおい あめ玉(だま)を もっと たくさん！ぺろぺろキャンディーも もっと！それに チョコレートも！
夢(ゆめ)が おわると、ルルは もっと 見(み)たくなりました。
いっしょに おいでよ、騎士(きし)の ところへ いこう！どんな 夢(ゆめ)を 見(み)ているのかなあ？

El caballero está teniendo una pelea de pasteles con la princesa de sus sueños. ¡Oh, no! ¡El pastel de crema ha ido en la dirección equivocada! Al terminar el sueño, Lulu quiere descubrir aún más cosas. ¡Venid con nosotros, vamos a visitar al mono! ¿Qué estará soñando?

騎士(きし)は あこがれの 夢(ゆめ)の 王女(おうじょ)さまと トルテ投(な)げ
遊(あそ)びをしています。おっと！クリームトルテは あたりませんでした！
夢(ゆめ)が おわると、ルルは もっと 見(み)たくなりました。
いっしょに おいでよ、さるのところへ いこう！どんな 夢(ゆめ)を
見(み)ているのかなあ？

¡Por fin ha nevado en el país de los monos! Toda la banda de monos se ha vuelto loca y está haciendo tonterías.

Al terminar el sueño, Lulu quiere descubrir aún más cosas. ¡Venid con nosotros, vamos a visitar al piloto! ¿En qué sueño habrá aterrizado?

ついに さるの 国(くに)に 一(いち)どだけ 雪(ゆき)が ふりました！
さるたちは われを わすれて 大(おお)さわぎ。
夢(ゆめ)が おわると、ルルは もっと 見(み)たくなりました。
いっしょに おいでよ、パイロットのところへ いこう！どんな 夢(ゆめ)に
ちゃくりくしたのかなあ？

El piloto vuela y vuela. Hasta el fin del mundo y aún más allá, hasta las estrellas. Esto no lo ha conseguido ningún otro piloto.

Al terminar el sueño, están ya todos muy cansados y no desean descubrir mucho más. Pero aún quieren visitar al pequeño leoncito. ¿Qué estará soñando?

パイロットは どんどん 飛(と)んでいきます。せかいの はてまで、さらに
もっと とおく星(ほし)ぼしのところまで。そんなことを やりとげた
パイロットは ほかにいません。
夢(ゆめ)が おわると、みんな もう くたくたで、もう そんなに たくさん
見(み)たくありません。それでも 赤(あか)ちゃんライオンのところへは
いきたいな。どんな 夢(ゆめ)を 見(み)ているのかなあ？

El pequeño leoncito tiene nostalgia y quiere volver a su cálida y acogedora cama.
Y los demás también.

Y ahí empieza ...

赤(あか)ちゃんライオンは ホームシックにかかって、あたたかい
ふわふわの ベッドに もどりたがっています。それに ほかの みんなも。

そして これから はじまるのは……

... el sueño más bonito
de Lulu.

......ルルの
とびっきり　すてきな　夢(ゆめ)。

Here is Lulu's story in a Kanji-enriched and a Romaji version.

The Romaji transcription uses a version of the Hepburn System.

ルルのお話を、たくさん漢字を使ったテキストとローマ字のテキストにしました。

ローマ字は、ヘボン式で書きました。

わたしの　とびっきり　すてきな　ゆめ
私　の　とびっきり　素敵な　夢
Watashi no　tobikkiri　sutekina　yume

ルルは　ねむれません。ほかの　みんなは　もう ゆめを　みて います。
ルルは　眠れません。　他の　みんなは　もう 夢を　見て います。
Ruru wa　nemuremasen。　Hoka no　minna　wa　mô　yume o　mite　imasu。

サメや　ぞう、こネズミ、ドラゴン、カンガルー、きし、さる、パイロット。
鮫や　象、　小鼠、　ドラゴン、カンガルー、騎士、猿、　パイロット。
Same ya　zô、　konezumi、　doragon、　kangarû、　kishi、saru、pairotto。

それに、あかちゃん ライオン。くま のめも、もう とじ かかって います。
それに、赤ちゃん　ライオン。熊　の目も、もう 閉じ かかって います。
Soreni、　akachan　raion。　Kuma no me mo、mô　toji　kakatte　imasu。

くまさん、ゆめの なか へ つれてって くれる の？
熊　さん、夢　の中　へ 連れてって くれる の？
Kuma san、　yume no naka e tsuretette　kureru no ?

すると　もう　ルルは、くまの　ゆめのくにの なか。
すると　もう　ルルは、熊　の　夢 の国　の中。
Suruto　mô　ruru wa、kuma no　yume no kuni no naka。

くま は　タガユミこで　さかなを　つって います。
熊　は　タガユミ湖で　魚　を　釣って います。
Kuma wa　tagayumi-ko de　sakana　o　tsutte　imasu。

ルル は　びっくり、あの　きの うえに　だれが　すんで いる の だろう？
ルル は　びっくり、あの　木の上　に　誰が　住んで いる の だろう？
Ruru wa　bikkuri、　ano　ki no ue　ni　dare ga　sunde　iru　no darô ?

ゆめが おわると、ルル は　もっと　みたく なりました。
夢　が 終わる と、ルル は　もっと　見たく なりました。
Yume ga owaru　to、ruru wa　motto　mitaku　narimashita。

いっしょに おいでよ、サメ のところへ いこう！
一緒 に おいでよ、鮫 の所 へ 行こう！
Issho ni oide yo、 same no tokoro e ikô！

どんな ゆめを みているのかなあ？
どんな 夢 を 見ているのかなあ？
Donna yume o mite iru no kanâ？

サメは さかなたちと おにごっこを しています。
鮫は魚 たちと鬼 ごっこを しています。
Same wa sakana tachi to oni gokko o shite imasu。

やっと ともだちが できたのです！
やっと 友達 が 出来たのです！
Yatto tomodachi ga dekita nodesu！

だれも サメの とがった はを こわがりません。
誰 も 鮫 の 尖った 歯を 怖がりません。
Dare mo same no togatta ha o kowagarimasen。

ゆめがおわると、ルルは もっと みたくなりました。
夢 が終わると、ルルは もっと 見たくなりました。
Yume ga owaru to、ruru wa motto mitaku narimashita。

いっしょに おいでよ、ぞうのところへ いこう！
一緒に おいでよ、象 の 所 へ 行こう！
Issho ni oide yo、zô no tokoro e ikô！

どんな ゆめを みているのかなあ？
どんな 夢 を 見ているのかなあ？
Donna yume o mite iru no kanâ？

ぞうは うもうのように かるくなって、とぶことが できます！
象 は 羽毛 の 様 に 軽くなって、 飛ぶ事 が 出来ます！
Zō wa umô no yô ni karukunatte、 tobukoto ga dekimasu！

ちょうど そらのそうげんに おりたつ ところ です。
ちょうど 空 の 草原 に 降り立つ 所 です。
Chôdo sora no sôgen ni oritatsu tokoro desu。

ゆめが おわる と、ルルは　もっと　みたく なりました。
夢　が 終わる と、ルルは　もっと　見たく なりました。
Yume ga owaru　to、ruru wa　motto　mitaku narimashita。

いっしょに　おいで よ、コネズミ の ところ へ　いこう！
一緒　　に　おいで よ、小鼠　　の 所　　へ　行こう！
Issho ni　　oide　yo、konezumi　no tokoro　e　ikô！

どんな　ゆめを　みて いる の かなあ？
どんな　夢　を　見て いる の かなあ？
Donna　　yume o　mite iru　no kanâ？

コネズミ は　えんにち を　たのしんで います。
小鼠　　 は　縁日　　を　楽しんで　います。
Konezumi wa　en-nichi　o　tanoshinde　imasu。

いちばん の　おきにいり　は　ジェットコースター。
一番　　 の　お気に入り　は　ジェットコースター。
Ichiban　no　okiniiri　　wa　jettokôsutâ。

ゆめが おわる と、ルルは　もっと　みたく なりました。
夢　が 終わる と、ルルは　もっと　見たく なりました。
Yume ga owaru　to、ruru wa　motto　mitaku narimashita。

いっしょに　おいで よ、ドラゴン の ところ へ　いこう！
一緒　　に　おいで よ、ドラゴン の 所　　へ　行こう！
Issho　　ni　oide　yo、doragon　no tokoro　e　ikô！

どんな　ゆめを　みて いる の かなあ？
どんな　夢　を　見て いる の かなあ？
Donna　　yume o　mite iru　no kanâ？

ドラゴン は　ひ を　たくさん　ふいた ので、　のど が　かわいて います。
ドラゴン は　火 を　沢山　　　吹いた ので、　喉　が　乾いて　います。
Doragon　wa　hi o　takusan　　fuita　node、　nodo ga　kawaite　imasu。

レモネード の　みずうみ を　ぜんぶ　のみほせたら　さいこう だ な。
レモネード の　湖　　　を　全部　　飲み干せたら　最高　だ　な。
Remonêdo　no　　mizu-umi o　zenbu　　nomihosetara　saikôda　　na。

ゆめが おわる と、ルルは　もっと　みたく なりました。
夢　が 終わる と、ルルは　もっと　見たく なりました。
Yume ga owaru　 to、ruru wa　motto　mitaku narimashita。

いっしょに　おいでよ、カンガルーのところへ　いこう！
一緒　　に　おいでよ、カンガルーの所　　へ　行こう！
Issho　　ni　　oide yo、kangarû　no tokoro e　　ikô！

どんな　ゆめを　みているのかなあ？
どんな　夢　を　見ているのかなあ？
Donna　　yume o　mite iru　no kanâ？

カンガルー は　あまい　おかしの　こうじょうを　ぴょんぴょん
カンガルー は　甘い　　お菓子の　工場　　　を　ぴょんぴょん
Kangarû　　wa　amai　okashi no　kôjô　　　o　　pyonpyon

とびまわって、ふくろ いっぱいに　つめこんで います。
飛び回って、　袋　　一杯　　に　詰め込んで います。
tobimawatte、　fukuro ippai　　ni　tsumekonde imasu。

あおい　あめだまを　もっと　たくさん！
青い　　飴　玉　を　もっと　沢山！
Aoi　　　ame dama o　motto　　takusan！

ぺろぺろ キャンディーも　もっと！
ぺろぺろ キャンディーも　もっと！
Peropero　kyandî　　　mo　motto！

それに　チョコレートも！
それに　チョコレートも！
Sore ni　chokorêto　　mo！

ゆめがおわる と、ルルは　もっと　みたく なりました。
夢　が終わる と、ルルは　もっと　見たく なりました。
Yume ga owaru　to、ruru wa　　motto　mitaku narimashita。

いっしょに　おいでよ、きしのところへ　いこう！
一緒に　　おいでよ、　騎士の所　　へ　行こう！
Issho ni　　oide yo、　　kishi no tokoro e　　ikô！

どんな　ゆめを　みているのかなあ？
どんな　夢　を　見ているのかなあ？
Donna　　yume o　mite iru　no kanâ？

きしは　あこがれ　の　ゆめ　の　おうじょ　さま　と
騎士は　憧れ　　の夢　の王女　　様　と
Kishi wa　akogare　no yume no ôjo　　sama to

トルテ　なげ　あそびを　しています。
トルテ　投げ　遊び　を　しています。
torute　nage　asobi o　shite imasu。

おっと！クリームトルテは　あたりません　でした！
おっと！クリームトルテは　当たりません　でした！
Otto !　Kurîmutorute　wa　atarimasen　deshita !

ゆめがおわる　と、ルルは　もっと　みたく　なりました。
夢　が終わる　と、ルルは　もっと　見たく　なりました。
Yume ga owaru　to、ruru wa　motto　mitaku narimashita。

いっしょに　おいでよ、さるのところへ　いこう！
一緒に　　　おいでよ、猿　の所　　　へ　行こう！
Issho ni　　oide yo、　saru no tokoro e　ikô !

どんな　ゆめを　みているのかなあ？
どんな　夢　を　見ているのかなあ？
Donna　yume o　mite iru　no kanâ ?

ついに　さるのくにに　いちどだけ　ゆきが　ふりました！
遂に　　猿　の国　に　一度だけ　　雪　が　降りました！
Tsuini　saru no kuni ni　ichidodake　yuki ga　furimashita !

さるたちは　われを　わすれて　おおさわぎ。
猿　達　は　我　を　忘れて　　大騒ぎ。
Saru tachi wa　ware o　wasurete　ôsawagi。

ゆめがおわる　と、ルルは　もっと　みたく　なりました。
夢　が終わる　と、ルルは　もっと　見たく　なりました。
Yume ga owaru　to、ruru wa　motto　mitaku narimashita。

いっしょに　おいでよ、パイロットのところへ　いこう！
一緒　　に　おいでよ、パイロットの所　　　へ　行こう！
Issho　　ni　oide　yo、pairotto　　no tokoro e　ikô !

どんな　ゆめに　ちゃくりく　したのかなあ？
どんな　夢　に　着陸　　　　したのかなあ？
Donna　yume ni　chakuriku　shita no kanâ ?

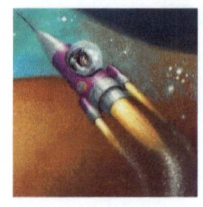

パイロットは　どんどん　とんで　いきます。
パイロットは　どんどん　飛んで　行きます。
Pairotto　wa　dondon　tonde　ikimasu。

せかいの　はてまで、さらに　もっと　とおくのほしぼしの　ところ　まで。
世界　の　果てまで、更　に　もっと　遠く　の星々　の　所　まで。
Sekai　no　hate made、sara ni　motto　tôku　no hoshiboshi no tokoro　made。

そんな　ことを　やりとげた　パイロットは　ほかに　いません。
そんな　事　を　やり遂げた　パイロットは　他　に　いません。
Sonna　koto o　yaritogeta　pairotto　wa　hoka ni　imasen。

ゆめが おわる と、ルル は　もっと　みたく なりました。
夢　が 終わる と、ルル は　もっと　見たく なりました。
Yume ga owaru　to、ruru wa　motto　mitaku narimashita。

もう　そんなに　たくさん　みたく　ありません。
もう　そんなに　沢山　　見たく　ありません。
Mô　sonnani　takusan　mitaku　arimasen。

それでも　あかちゃんライオンの ところ へは　いきたい な。
それでも　赤ちゃん　ライオンの 所　　へは　行きたい な。
Soredemo　akachan　raion　no tokoro e wa　ikitai　na。

どんな　ゆめを　みて いる のかなあ？
どんな　夢　を　見て いる のかなあ？
Donna　yume o　mite iru　no kanâ？

あかちゃん ライオンは　ホームシックに　かかって、あたたかい　ふわふわの
赤ちゃん　ライオンは　ホームシックに　罹って、　暖かい　　ふわふわの
Akachan　raion　wa　hômushikku　ni　kakatte、atatakai　fuwafuwa no

ベッドに　もどりたがって います。それに　ほかの　みんな も。
ベッドに　戻りたがって　います。それに　他 の　みんな も。
beddo ni　modoritagatte　imasu。Soreni　hoka no　minna mo。

そして　これから　はじまる のは……
そして　これから　始まる　のは……
Soshite　korekara　hajimaru　no wa……

……ルルの　とびっきり　すてきな　ゆめ。
……ルルの　とびっきり　素敵な　　夢。
……ruru no　tobikkiri　sutekina　yume。

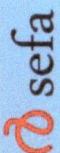

Ulrich Renz • Marc Robitzky

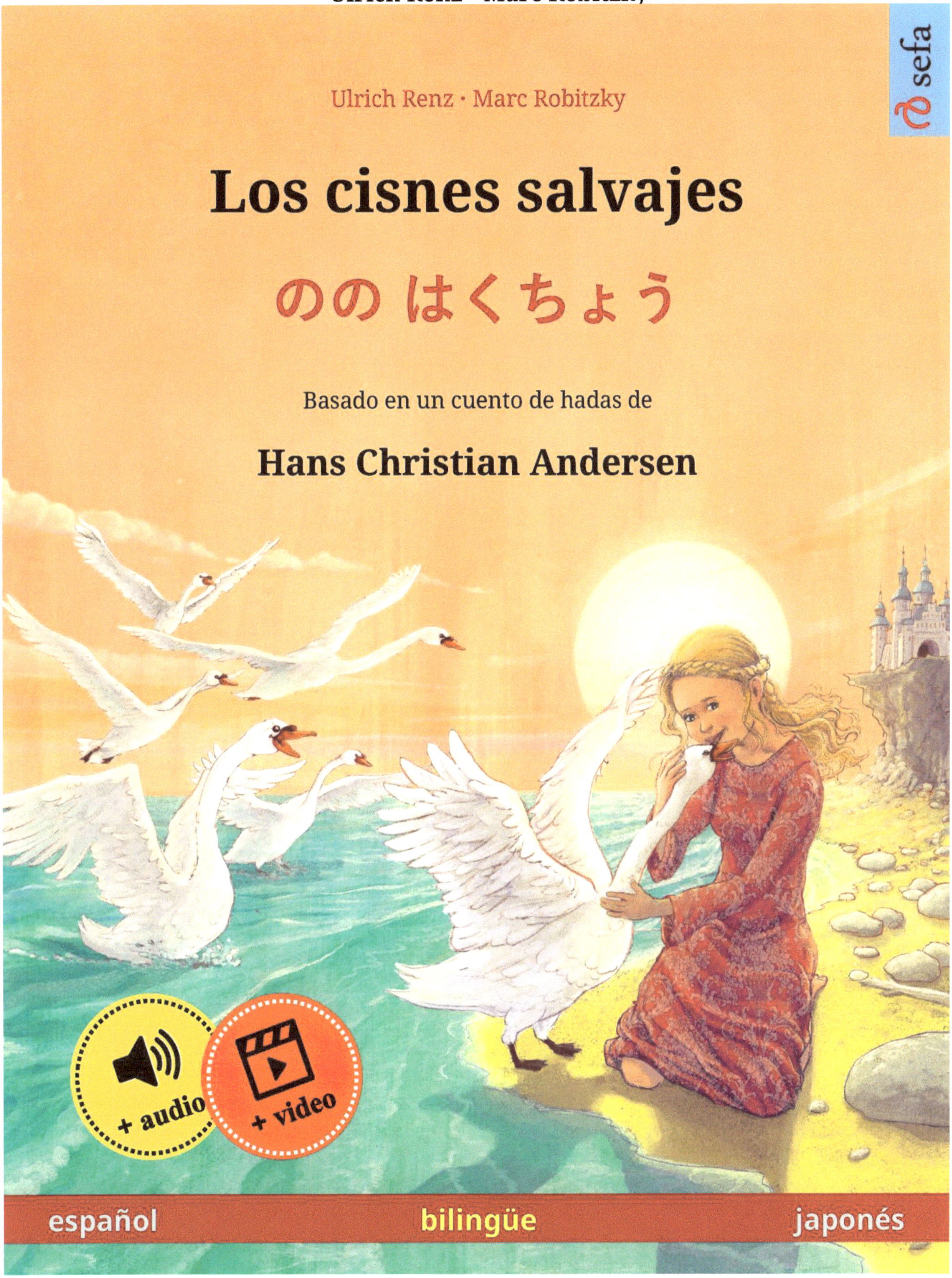
sefa
Ulrich Renz · Marc Robitzky
Los cisnes salvajes
のの はくちょう
Basado en un cuento de hadas de
Hans Christian Andersen
+ audio
+ video
español
bilingüe
japonés

Había una vez doce hijos de un rey – once hermanos y una hermana mayor, Elisa. Ellos vivían felices en un castillo hermoso.

むかしむかし、十二人(じゅうににん)の 王(おう)さまの こどもたちが ありました。十一人(じゅういちにん)の おとこの きょうだいと あねの エリザです。すばらしく うつくしい お城(しろ)に しあわせに くらしていました。

Un día murió la madre y algún tiempo después, el rey se volvió a casar. Pero la nueva esposa era una bruja malvada. Convirtió a los once principes en cisnes y les mandó a un país muy lejano más allá del gran bosque.

ある日(ひ)、おかあさまが なくなってしまいました。しばらく
すると、王(おう)さまは あたらしい おきさきを むかえました。
ところが、そのおきさきは わるい 魔女(まじょ)でした。
十一人(じゅういちにん)の 王子(おうじ)を 魔法(まほう)で
はくちょうに かえて、大(おお)きな 森(もり)の むこうの
とおい 国(くに)へ おいはらってしまいました。

A la niña la vistió con harapos y le puso una crema fea en la cara, de manera que ni su propio padre la reconoció y la echó del castillo. Elisa corrió al bosque oscuro.

おきさきは むすめに ぼろを きせ、みにくい ぬりぐすりを 顔(かお)に すりこみました。すると、じつの おとうさまでさえ むすめが わからなくなって お城(しろ)から おいだしてしまいました。
エリザは くらい 森(もり)の 中(なか)へ かけこみました。

Ahora estaba más sola que nunca y añoró con toda el alma a sus hermanitos desaparecidos. Cuando anocheció, se hizo una cama de musgo bajo los árboles.

エリザは 今(いま)、ひとりぼっちになって、いなくなった きょうだいたちを 心(こころ)から 恋(こい)しがりました。晩(ばん)に なると、木(き)の 下(した)に 苔(こけ)の ベッドを こしらえました。

A la mañana siguiente siguiente llegó a un lago de aguas tranquilas y se asustó cuando vió su imagen reflejada en el agua. Pero después de haberse lavado, fue la princesa más linda bajo el sol.

つぎの朝(あさ)、エリザは ひっそりとした みずうみに やってきました。そして 水面(すいめん)に うつった 顔(かお)を みて びっくりしました。けれども 水(みず)で あらうと、エリザより うつくしい 王(おう)さまの こどもは、このよに ふたりとは ありませんでした。

Después de muchos días, Elisa llegó al gran mar. En las olas, once plumas de cisne se mecían.

いく日(にち)も いく日(にち)も かかって、エリザは 大(おお)きな 海(うみ)に たどりつきました。なみに 十一(じゅういち)まいの はくちょうの はねが ゆられていました。

Cuando se puso el sol, hubo un murmullo en el aire y once cisnes salvajes aterrizaron sobre el agua. Elisa reconoció inmediatamente a sus hermanos embrujados. Pero como hablaban el idioma de cisnes, ella no les podía entender.

お日(ひ)さまが しずむと、空中(くうちゅう)で ばさっばさっと
音(おと)がして、十一羽(じゅういちわ)の 野(の)の はくちょうが
水面(すいめん)に まいおりました。エリザは すぐに
魔法(まほう)を かけられた きょうだいたちだと きづきました。
けれども、はくちょうの ことばが はなせなかったので、
きょうだいたちの いうことは わかりませんでした。

De día los cisnes salían volando, de noche los hermanos y la hermana se acurrucaban los unos con los otros en una cueva.

Una noche, Elisa tuvo un sueño extraño: Su madre le dijo cómo podría liberar a sus hermanos. Tendría que tejer una camiseta de ortiga, una mala hierba con hojas punzantes, para cada uno de los cisnes y vestirles con ella. Pero hasta entonces no podría decir ni una palabra, de lo contrario sus hermanos morirían.
Elisa empezó de inmediato con su trabajo. Aunque sus manos le ardían como fuego, seguía tejiendo incansablemente.

昼(ひる)のあいだ、はくちょうは どこかへ とんでいきました。夜(よる)になると エリザと きょうだいたちは、ほら穴(あな)の 中(なか)で 身(み)を よせあって あたたまりました。

ある夜(よ)、エリザは ふしぎな ゆめを みました。おかあさまが きょうだいたちを すくう ほうほうを おしえてくれたのです。
「イラクサで 一羽一羽(いちわいちわ)に シャツを 編(あ)んで はくちょうに なげかけなさい。ただし、そのときまでは だれとも 口(くち)を きいては いけませんよ。さもないと、きょうだいたちは しんでしまうでしょう。」
エリザは すぐにしごとに とりかかりました。手(て)が イラクサの とても 小(ちい)さな トゲから でる えきで 焼(や)けつくように いたみましたが、がまんして 編(あ)みつづけました。

Un día sonaron cornetas de caza a lo lejos. Un principe llegó con su séquito y de pronto estuvo frente a ella. Cuando los dos se miraron a los ojos, se enamoraron.

ある日(ひ) とおくで、かりの つのぶえ が なりひびきました。王子(おうじ)が おともの けらいと、馬(うま)に のって ちかづいてきたかと おもうと、もう エリザの まえに たっていました。 二人(ふたり)は おたがいの 目(め)が あった しゅんかん すきになりました。

El príncipe levantó a Elisa en su caballo y cabalgó con ella hasta su castillo.

王子(おうじ)は エリザを じぶんの 馬(うま)に のせて、お城(しろ)に つれてかえりました。

El poderoso tesorero estaba de todo menos contento con la llegada de la bella princesa silenciosa. Pues su propia hija debía ser la novia del príncipe.

いつも いばっている たからものがかりは、口(くち)の きけない うつくしい 人(ひと)が お城(しろ)に ついたとき、まったく よろこびませんでした。じぶんの むすめが 王子(おうじ)の はなよめに なるべきだと おもっていたのです。

Elisa no había olvidado a sus hermanitos. Cada noche seguía trabajando en las camisetas. Una noche se fue al cementerio para buscar ortigas frescas. En esto, el tesorero le observó en secreto.

エリザは きょうだいたちのことを わすれてはいませんでした。
まい晩(ばん) シャツを 編(あ)みつづけたのです。
ある夜(よ)、しんせんな イラクサを とりに 墓地(ぼち)へ でかけていきました。そのとき、たからものがかりが こっそり エリザを 見(み)ていました。

Tan pronto como el principe fue de cacería, el tesorero hizo meter en el calabozo a Elisa. Afirmó que era una bruja que se reunía con otras brujas por las noches.

王子(おうじ)が かりに でかけると すぐ、たからものがかりは エリザを ろうやに いれてしまいました。
エリザは 魔女(まじょ)で、夜(よる)に ほかの 魔女(まじょ)と あっていると いうのです。

En la madrugada, Elisa fue recogida por los guardias. Debía ser quemada en la plaza principal.

夜(よ)あけに みはりが エリザを むかえにきました。市(いち)の たつ ひろばで 火(ひ)あぶりに されることに なっていました。

En cuanto llegó ahí, once cisnes blancos se acercaron volando. Rápidamente Elisa les lanzó las camisetas vistiendolos. De pronto todos sus hermanos se encontraban frente a ella en su forma humana. Solo el menor, cuya camiseta no estaba del todo terminada, se quedó con una ala en lugar de un brazo.

エリザが ひろばに つくやいなや、どこからともなく
十一羽(じゅういちわ)の まっ白(しろ)な はくちょうが
とんできました。
エリザは すばやく 一羽一羽(いちわいちわ)に イラクサの シャツを
なげかけました。やがて、きょうだいたちは みんな 人間(にんげん)
の すがたに もどって、エリザの まえに たっていました。いちばん
すえの きょうだいだけは シャツが できあがらなかったので、
かたほうの うでが まだ つばさのままでした。

Las caricias y besos todavía no habían acabado cuando el principe regresó. Por fin Elisa le pudo explicar todo. El principe hizo meter en el calabozo al malvado tesorero. Y luego, se celebró la boda por siete días.

Y vivieron felices y comieron perdices.

エリザたちが まだ、だきあったり キスしたりして よろこんでいたとき、王子(おうじ)が もどってきました。
エリザは やっと 王子(おうじ)に 今(いま)までのことを のこらず はなすことができました。
王子(おうじ)は わるい たからものがかりを ろうやに いれました。
それから、七日間(なのかかん)、けっこんしきが とりおこなわれました。

めでたし めでたし。

Hans Christian Andersen

Hans Christian Andersen nació en 1805 en la ciudad danesa Odense y murió en 1875 en Kopenhagen. Con sus cuentos de hadas como «La pequeña sirena», «El traje nuevo del emperador» o «El patito feo» obtuvo fama mundial. El cuento «Los cisnes salvajes» fue publicado por primera vez en 1838. Desde entonces, fue traducido a más de 100 idiomas y adaptado en muchas versiones, como ser teatro, películas y musicales.

Here is *The Wild Swans* in a Kanji-enriched and a Romaji version.

The Romaji transcription uses a version of the Hepburn System.

ののはくちょうのお話を、たくさん漢字を使ったテキストとローマ字のテキストに

ローマ字は、ヘボン式で書きました。

のの はくちょう
野の 白鳥
No no hakuchô

むかしむかし、　じゅうに にん の おうさまの こども　たち が ありました。
昔々、　　　　十二　　人　の王様　　の 子　　　供達　が ありました。
Mukashi mukashi、jûni　　nin　no ôsama　no kodomo tachi ga　arimashita。

じゅういちにんの おとこの きょうだいと あね の エリザです。
十一　　　人　の 男　　の 兄弟　　　と 姉　の エリザです。
Jûichi　　　nin　no otoko　no kyôdai　　to ane　no　eriza　desu。

すばらしく うつくしい おしろに しあわせに くらしていました。
素晴らしく 美しい　　お城　に 幸せ　　に 暮らしていました。
Subarashiku utsukushii　oshiro ni shiawase ni kurashite imashita。

あるひ、おかあさまが なくなってしまいました。
ある日、お母様　　が 亡くなってしまいました。
Aruhi、　okâsama　ga nakunatte　shimaimashita。

しばらくすると、おうさまは あたらしい おきさきを むかえました。
暫らく　 すると、王様　　は 新しい　　お后　　を 迎えました。
Shibaraku suruto、ôsama　　wa atarashii　　okisaki　o mukaemashita。

ところが、そのおきさきは わるい まじょ でした。
所　　が、そのお后　　は 悪い　 魔女　でした。
Tokoro ga、sono okisaki　wa warui　majo　deshita。

じゅういち にんの おうじ を まほうで はくちょうに かえて、
十一　　　人　の 王子　を 魔法　で 白鳥　　　　に 変えて、
Jûichi　　　nin　no ôji　o mahô　de hakuchô　　ni kaete、

おおきな もりの　　むこうの とおいくに へ おいはらって しまいました。
大きな　森 の　　向こうの 遠い 国 へ　追い払って　しまいました。
ôkina　　mori no　　mukô　no tôi　　kuni e　oiharatte　　shimaimashita。

おきさきは むすめ に ぼろを きせ、みにくい ぬりぐすりを かお に すりこみました。
お后　は 娘　に ボロを 着せ、醜い　塗り薬　を 顔　に　擦り込みました。
Okisaki wa　musume ni　boro o　kise、minikui　　nurigusuri o kao　ni surikomimashita。

すると、じつの おとうさまで さえ むすめ がわからなく なっておしろ から
すると、実　のお父様で　　さえ 娘　　がわからなくなってお城　から
Suruto、　jitsu no o tôsamade　　sae　musume ga wakaranaku natte　oshiro kara

おいだしてしまいました。
追い出してしまいました。
oidashite　shimaimashita。

エリザは くらい もりの なか へ かけこみました。
エリザは 暗い 森　の 中　へ 駆け込みました。
Eriza wa　　kurai　mori no naka e　kakekomimashita。

エリザは いま、ひとりぼっちに なって、
エリザは 今、　一人ぼっち に なって、
Eriza　wa ima、　hitoribocchi　ni natte、

いなくなった きょうだい たちを こころから こいし がりました。
居なくなった 兄弟　達　を 心から　　恋し　がりました。
inakunatta　　kyôdai　　tachi o　kokorokara　koishi　garimashita。

ばんに なると、きの したに こけ の ベッド を こしらえました 。
晩　になると、木の下　に 苔　のベッドをこしらえました。
Ban ni naruto、　ki no shita ni　koke no beddo　o koshiraemashita。

つぎの あさ、エリザは ひっそりとした みずうみ に やってきました。
次　の 朝、　エリザは ひっそりとした 湖　　に 遣ってきました。
Tsugi no asa、　eriza　wa hissori　to shita mizuumi ni yatte　　kimashita。

そしてすいめんに うつったかおを みて びっくりしました。
そして 水面　に 映った　顔　を 見てびっくりしました。
Soshite suimen　ni　utsutta　kao o　mite bikkuri　shimashita。

けれども みず　　 で あらうと、エリザより うつくしい おうさま の こども は、
けれども 水　　 で 洗う と、エリザより 美しい　　王様　　 の 子供 は、
Keredomo mizu　 de arau　to、eriza　yori utsukushii　ôsama　no kodomo wa、

このよに ふたりとは ありませんでした。
この世に 二人　とは ありませんでした。
konoyo ni futari　to wa arimasen　deshita。

いく にちも　 いくにちも　 かかって、エリザは おおきな うみに たどりつきました。
幾日　　 も 幾日　　 も 掛かって、エリザは 大きな　海 に 辿り 着きました。
Ikunichi　 mo ikunichi　mo kakatte、eriza wa ôkina　umi ni tadori tsukimashita。

なみ に じゅういち まいの はくちょうの はねが ゆられて いました。
波　 に 十一　　 枚 の 白鳥　　 の 羽　 が 揺られて いました。
Nami ni jûichi　　 mai no hakuchô　no hane ga yurarete imashita。

おひさまが しずむ と、くうちゅうで ばさっばさっと おとがして、
お日様　 が 沈む と、空中　　 で ば さっ ば さっと 音　 がして、
Ohisama ga　shizumu to、kûchû　　 de ba sabba　satto　oto ga shite、

じゅういちわ ののの はくちょうが すいめんに まいおりました。
十一　　 羽 の 野の白鳥　　 が 水面　 に 舞い降りました。
jûichi　　 wa no no no hakuchô　 ga suimen　 ni maiorimashita。

エリザはすぐにまほうをかけられた きょうだいたちだ ときづきました。
エリザは 直ぐに 魔法　を 掛けられた 兄弟　　 達だ　と 気づきました。
Eriza　wa sugu ni mahô　o kakerareta　kyôdai　　 tachida to kizukimashita。

けれども、はくちょうの ことば が はなせなかったので、きょうだいたちの いうこと は
けれども、白鳥　　 の 言葉　 が 話せなかった　ので、兄弟　　 達 の 言う事　 は
Keredomo、hakuchô　 no kotoba ga hanasenakatta　node、kyôdai　 tachi no iu　 koto wa

わかりませんでした。
解りません　でした。
wakarimasen　deshita。

ひるの あいだ、はくちょうは どこか へ とんで いきました。
昼　の 間、　　白鳥　　 は 何処か へ 飛んで 行きました。
Hiru no aida、　hakuchô　wa dokoka e tonde　ikimashita。

よる に なると エリザと きょうだいたち は、ほらあな の なか で みを
夜　 に なると エリザと 兄弟　　　　達 は、洞穴　　　の 中　で 身を
Yoru ni naru to eriza to kyôdai   tachi wa、horaana   no naka de mi o

よせあって あたたまりました。
寄せ合って 暖まりました。
yoseatte   atatamarimashita。

ある よ、エリザは ふしぎな ゆめ を みました。
ある 夜、エリザは 不思議な 夢　 を 見ました。
Aru   yo、eriza wa fushigina yume o mimashita。

おかあさまが きょうだいたち を すくう ほうほう を おしえて くれたのです。
お母様　　　が 兄弟　　　　達 を 救う　方法　　 を 教えて　くれたのです。
Okâsama   ga kyôdai   tachi o sukû   hôhô   o oshiete kureta nodesu。

「イラクサで いちわ いちわ に シャツを あんで はくちょう に なげかけなさい。
「刺草　　 で 一羽　一羽　 に シャツを 編んで 白鳥　　　 に 投げ掛けなさい。
「Irakusa   de ichiwa ichiwa ni shatsu o ande   hakuchô   ni nage kakenasai。

ただし、そのときまで は だれとも くち を きいて は いけませんよ。
但し、　その時　まで は 誰　とも 口　 を 利いて は いけませんよ。
Tadashi、sono toki made wa dare tomo kuchi o kiite   wa ikemasen   yo。

さもないと、きょうだいたち は　しんで しまうでしょう。」
さもないと、兄弟　　　　達 は　死んで しまうでしょう。」
Sa mo nai to、kyôdai   tachi wa shinde shimaudeshô。」

エリザは すぐに しごと に とりかかりました。
エリザは 直ぐに 仕事　 に 取り掛かりました。
Eriza wa suguni shigoto ni torikakarimashita。

て が イラクサの とても ちいさな トゲ から でる えき で やけつく ように
手 が 刺草　　　の とても 小さな　 棘　 から 出る 液　で 焼け付く 様　 に
Te ga irakusa   no totemo chiisana toge kara deru eki de yaketsuku yô ni

いたみましたが、がまん して あみ　 つづけました。
痛みました　が、我慢　 して 編み　 続けました。
Itamimashita ga、gaman shite ami   tsuzukemashita。

ある日 遠くで、狩りの角笛 が鳴り響きました。
あるひ とおくで、かりの つのぶえ が なりひびきました。
Aruhi tôkude、kari no tsunobue ga narihibikimashita。

王子 がお伴 の家来 と、馬 に乗って近づいて 来たかと思う と、
おうじ が おともの けらいと、うま に のって ちかづいてきたかと おもうと、
Ôji ga otomo no kerai to、uma ni notte chikazuite kita ka to omô to、

もうエリザの 前 に立っていました。
もうエリザのまえに たっていました。
mô eriza no mae ni tatte imashita。

二人 は お互い の目 が合った 瞬間 好きになりました。
ふたりは おたがいのめが あった しゅんかん すき に なりました。
Futari wa otagai no me ga atta shunkan suki ni narimashita。

王子 はエリザを自分 の馬 に乗せて、お城 に連れて 帰りました。
おうじは エリザを じぶんの うま に のせて、おしろに つれて かえりました。
Ôji wa eriza o jibun no uma ni nosete、oshiro ni tsurete kaerimashita。

何時も 威張っている 宝物 係 は、口 の 利けない 美しい 人 が
いつも いばっている たからもの がかりは、くち の きけない うつくしい ひとが
Itsumo ibatte iru takaramono gakari wa、kuchi no kike nai utsukushii hito ga

お城 に着いた 時、全く 喜びません でした。
おしろに ついたとき、まったく よろこびませんでした。
oshiro ni tsuita toki、mattaku yorokobimasen deshita。

自分 の娘 が王子 の花嫁 に為るべきだと 思って いたのです。
じぶんのむすめ がおうじ のはなよめに なるべきだと おもって いたのです。
Jibun no musume ga ôji no hanayome ni narubekida to omotte ita nodesu。

エリザは兄弟 達 の事 を忘れて いませんでした。
エリザは きょうだいたち のことを わすれては いませんでした。
Eriza wa kyôdai tachi no koto o wasurete wa imasen deshita。

毎晩 シャツを 編み 続けた のです。
まいばん シャツを あみ つづけたのです。
Maiban shatsu o ami tsuzuketa nodesu。

あるよ、しんせんな イラクサを とりに ぼちへ でかけていきました。
ある夜、新鮮 な 刺草 を 採りに 墓地へ 出かけて行きました。
Aru yo、shinsen na irakusa o tori ni bochi e dekakete ikimashita。

そのとき、たからものがかりが こっそり エリザ を みて いました。
その時、 宝物 係が こっそり エリザ を 見て いました。
Sonotoki、takaramono gakari ga kossori eriza o mite imashita。

おうじ がかりに でかけると すぐ、たからもの がかりは エリザを ろうやに いれて
王子 が 狩りに 出かけると 直ぐ、宝物 係 はエリザを 牢屋 に 入れて
Ôji ga kari ni dekakeru to sugu、takaramono gakari wa eriza o rôya ni irete

しまいました。
しまいました。
shimaimashita。

エリザは まじょで、よるに ほか の まじょと あっている というのです。
エリザは 魔女 で、夜 に 他 の 魔女 と 会っている と 言うのです。
Eriza wa majo de、yoru ni hoka no majo to atte iru to iu nodesu。

よあけに みはりが エリザ を むかえに きました。
夜明けに 見張りが エリザ を 迎え に 来ました。
Yoake ni mihari ga eriza o mukae ni kimashita。

いち の たつ ひろばで ひあぶりにされること に なっていました。
市 の 立つ 広場 で 火あぶりにされる 事 に なっていました。
Ichi no tatsu hiroba de hiaburi ni sareru koto ni natte imashita。

エリザが ひろばに つく や いなや、どこ からとも なく じゅういちわの まっしろな
エリザが 広場 に 着く や 否や、 何処 からとも なく 十一 羽の 真っ白な
Eriza ga hiroba ni tsuku ya inaya、doko kara tomo naku jûichi wa no masshirona

はくちょうが とんで きました。エリザは すばやく いちわいちわに
白鳥 が 飛んで 来ました。エリザは 素早く 一羽一羽 に
hakuchô ga tonde kimashita。Eriza wa subayaku ichiwa ichiwa ni

イラクサの シャツを なげかけました。やがて、きょうだいたちは
刺草の シャツを 投げ掛けました。やがて、兄弟 達 は
irakusa no shatsu o nagekakemashita。Yagate、kyôdai tachi wa

みんな にんげん の すがた に もどって、エリザ の まえ に たって いました。
みんな 人間　　の 姿　に 戻って、　エリザの 前　 に 立って いました。
minna　ningen　　no sugata ni modotte、eriza　no mae ni tatte　imashita。

いちばん すえの きょうだいだけは シャツが できあがらなかったので、
一番　　末 の 兄弟　　　だけは シャツが 出来上がらなかったので、
Ichiban　sue no kyôdai　　dake wa shatsu ga dekiagaranakatta　　node、

かたほうの うで が まだ つばさ の まま でした。
片方　　の 腕　が まだ 翼　　のまま　でした。
katahô　no ude ga mada tsubasa no mama deshita。

エリザたちが まだ、だきあったり キスしたりして よろこんでいたとき、おうじが
エリザ達　が まだ、抱き合ったり キスしたりして 喜んで　いた 時、　王子　が
Eriza　tachi ga mada、dakiattari　kisushitari shite yorokonde ita　toki、ôji　ga

もどってきました。エリザは やっと おうじに いままでの ことを
戻って　来ました。エリザは やっと 王子　に 今まで　の 事　を
modotte kimashita。　Eriza wa　yatto　ôji　ni imamade no koto o

のこらず はなす ことが できました。
残らず　 話す　ことが　出来ました。
nokorazu hanasu koto ga　dekimashita。

おうじ は わるい たからもの がかりを ろうやに いれました。
王子　は 悪い　宝物　　　係　を 牢屋　に 入れました。
Ôji　　wa warui　takaramono gakari o rôya　ni iremashita。

それから、なのかかん、けっこんしき が とりおこなわれました。
それから、七日間、　結婚式　　　が 執り行わ　　れました。
Sorekara、　nanokakan、kekkonshiki　ga toriokonawa　remashita。

　　　　　　めでたし めでたし。
　　　　　　愛でたし 愛でたし。
　　　　　　Medetashi medetashi。

ローマ字一覧表　ヘボン式
Rômaji Table (Hepburn System)

ひらがな　Hiragana

あ a	い i	う u	え e	お o			
か ka	き ki	く ku	け ke	こ ko	きゃ kya	きゅ kyu	きょ kyo
さ sa	し shi	す su	せ se	そ so	しゃ sha	しゅ shu	しょ sho
た ta	ち chi	つ tsu	て te	と to	ちゃ cha	ちゅ chu	ちょ cho
な na	に ni	ぬ nu	ね ne	の no	にゃ nya	にゅ nyu	にょ nyo
は ha	ひ hi	ふ fu	へ he	ほ ho	ひゃ hya	ひゅ hyu	ひょ hyo
ま ma	み mi	む mu	め me	も mo	みゃ mya	みゅ myu	みょ myo
や ya		ゆ yu		よ yo			
ら ra	り ri	る ru	れ re	ろ ro	りゃ rya	りゅ ryu	りょ ryo
わ wa				を o			
ん n							
が ga	ぎ gi	ぐ gu	げ ge	ご go	ぎゃ gya	ぎゅ gyu	ぎょ gyo
ざ za	じ ji	ず zu	ぜ ze	ぞ zo	じゃ ja	じゅ ju	じょ jo
だ da	ぢ ji	づ zu	で de	ど do			
ば ba	び bi	ぶ bu	べ be	ぼ bo	びゅ bya	びゅ byu	びょ byo
ぱ pa	ぴ pi	ぷ pu	ぺ pe	ぽ po	ぴゃ pya	ぴゅ pyu	ぴょ pyo

カタカナ Katakana

ア a	イ i	ウ u	エ e	オ o			
カ ka	キ ki	ク ku	ケ ke	コ ko	キャ kya	キュ kyu	キョ kyo
サ sa	シ shi	ス su	セ se	ソ so	シャ sha	シュ shu	ショ sho
タ ta	チ chi	ツ tsu	テ te	ト to	チャ cha	チュ chu	チョ cho
ナ na	ニ ni	ヌ nu	ネ ne	ノ no	ニャ nya	ニュ nyu	ニョ nyo
ハ ha	ヒ hi	フ fu	ヘ he	ホ ho	ヒャ hya	ヒュ hyu	ヒョ hyo
マ ma	ミ mi	ム mu	メ me	モ mo	ミャ mya	ミュ myu	ミョ myo
ヤ ya		ユ yu		ヨ yo			
ラ ra	リ ri	ル ru	レ re	ロ ro	リャ rya	リュ ryu	リョ ryo
ワ wa				ヲ o			
ン n							
ガ ga	ギ gi	グ gu	ゲ ge	ゴ go	ギャ gya	ギュ gyu	ギョ gyo
ザ za	ジ ji	ズ zu	ゼ ze	ゾ zo	ジャ ja	ジュ ju	ジョ jo
ダ da	ヂ ji	ヅ du	デ de	ド do			
バ ba	ビ bi	ブ bu	ベ be	ボ bo	ビャ bya	ビュ byu	ビョ byo
パ pa	ピ pi	プ pu	ペ pe	ポ po	ピャ pya	ピュ pyu	ピョ pyo

Barbara Brinkmann nació en 1969 en Munich (Alemania) y creció en los Prealpes Bávaros. Estudió arquitectura en Munich y actualmente es investigadora asociada en la Facultad de Arquitectura de la Universidad Técnica de Munich. Además, trabaja como diseñadora gráfica, ilustradora y autora independiente.

Cornelia Haas nació en 1972 cerca de Augsburg, Alemania. Después de su formación como fabricante de cárteles publicitarios, estudió diseño en la escuela técnica superior en Münster y allí se graduó como diseñadora. Desde 2001 ha ilustrado libros infantiles y juveniles, desde 2013 enseña como profesora de pintura acrílica y digital en la escuela técnica superior de Münster.

Marc Robitzky, nacido en el año 1973, estudió en la Escuela Técnica Superior de Bellas Artes en Hamburgo y en la Academia de Artes Visuales en Frankfurt. Trabaja como ilustrador de profesión libre y diseñador de comunicación en Aschaffenburg, Alemania.

Ulrich Renz nació en 1960 en Stuttgart (Alemania). Después de estudiar literatura francesa en París, se graduó en la facultad de medicina de Lübeck y trabajó como director de una editorial científica. Hoy en día trabaja como publicista autónomo y, además de escribir libros de divulgación científica, escribe cuentos y libros infantiles.

¿Te gusta pintar?

Aquí encontrarás las ilustraciones de la historia para colorear:

www.sefa-bilingual.com/coloring